Das Lebensschiff bis ins hohe Alter souverän steuern

Sieben Wege zum
kreativen Älterwerden
Einleitung

Norbert Wickbold

Das Lebensschiff bis ins hohe Alter souverän steuern

Sieben Wege zum kreativen Älterwerden
Einleitung

2. Auflage
Copyright © 2020, 2023 by Norbert Wickbold
Layout, Umschlaggestaltung und Illustration: Norbert Wickbold
Titelfoto: Norbert Wickbold
Korrektorin: Irene Wickbold
Verlag & Druck: tredition GmbH, Halenreie 40-44, 22359 Hamburg

ISBN: 978-3-7482-0869-3 (Paperback)
ISBN: 978-3-7482-0870-9 (Hardcover)
ISBN: 978-3-7482-0871-6 (e-Book)

*Bibliografische Information der Deutschen Nationalbibliothek:
Die Deutsche Nationalbibliothek verzeichnet diese Publikation in der Deutschen
Nationalbibliografie; detaillierte bibliografische Daten sind im Internet über
http://dnb.d-nb.de abrufbar.*

Inhalt

Vorwort

Für Menschen, die in unserer Kultur leben, nimmt die Wahrscheinlichkeit, ein hohes Lebensalter zu erreichen zu. So ist die Zahl der Alten und Hochaltrigen in den letzten Jahrzehnten kontinuierlich angestiegen. Man spricht von einem großen demografischen Wandel. Mit derartigen gesamtgesellschaftlichen Veränderungen sind selbstverständlich auch neue Aufgaben verbunden. Hierzu zählt die Pflege derjenigen Personen, die im Alter nicht mehr in der Lage sind, ohne fremde Hilfe zu leben. Inzwischen sind immer mehr Menschen direkt oder indirekt damit konfrontiert. Das ruft in allen Altersgruppen Verunsicherungen und Ängste hervor, denn der Fokus wurde bisher vorwiegend auf die negativen Folgen und Befürchtungen dieser Entwicklung gelegt. Immer wieder bekommen wir vor Augen geführt, wie krank und hilflos Menschen im Alter werden können. Aber auch die manchmal seltsamen Verhaltensweisen alter Menschen machen Jüngeren wie Älteren angst. Wie ein Damoklesschwert scheint das eigene Alter über jedem zu hängen, um irgendwann unerbittlich zuzuschlagen. Und wer weiß, was einen dann erwartet? Sicher nichts Gutes. Das glauben inzwischen sehr viele. Und selbst die Älteren warnen uns davor, überhaupt alt zu werden. Deshalb wird es Zeit, ihnen – den Alten wie den Jungen

7

– endlich Mut zu machen, zuversichtlich dem eigenen Alter entgegenzugehen. Denn auch die Alternative kann möglich werden: Mutig und kreativ das eigene Älterwerden gestalten. Das eigene Leben und Werden selbst in die Hand nehmen. Die Herausforderungen des Alters nicht nur als Bedrohung, sondern vor allem auch und gerade als Chance aufzufassen, sich zu entwickeln und zu vollenden.

Vieles, was hier angesprochen wird, geht hervor aus meiner eigenen, langjährigen Erfahrung mit alten Menschen. Mit der Verfassung meines Buches: Wer weiß, wie wir mal werden?, wurde mir klar, dass es nicht ausreicht, den Fokus nur auf die Schadensbegrenzung, also der Pein des Alters zu richten. Vielmehr zeigt es sich, dass es durchaus möglich und sinnvoll ist, sich rechtzeitig mit seinem eigenen Älterwerden auseinanderzusetzen und negativen Entwicklungen frühzeitig gegenzusteuern.

Was in o. g. Buch sehr ausführlich herausgearbeitet wurde, will ich nun in lockerer und anschaulicher Form darstellen. Nicht weniger als sieben kreative Wege zum Älterwerden möchte ich dem interessierten Leser anbieten. Das vorliegende Buch bildet die Einleitung in das Thema, das ich unter verschiedenen Aspekten in den folgenden Ausgaben vertiefen werde.

Norbert Wickbold

Wie die Bremer Stadtmusikanten die erste Alten-WG gründeten

&

Was wir von ihnen lernen können

Sicher kennt jeder die Geschichte von den Bremer Stadtmusikanten. Die vier sehr unterschiedlichen alternden Tiere wollten sich nicht in ihr vermeintliches Schicksal fügen, sondern haben sich gemeinsam auf den Weg gemacht. Sie waren sicher, dass sie für sich und ihr Leben im Alter selbst sorgen könnten. Weil sie merkten, dass sie zusammen ein harmonisches Miteinander bildeten, zogen sie mutig als Musikanten gen Bremen. Jedem von ihnen war klar:

Was Besseres als den Tod
finde ich allemal!

Nachdem sie gemeinsam die Räuber vertrieben hatten, konnten sie ihren künftigen Alterssitz beziehen. Denn statt sich hinter den vermeintlichen Schwächen ihres Alters zu verstecken, haben sie sich ihrer individuellen Stärken besonnen. So konnten sie die Räuber in die Flucht schlagen. Die Idee der Alters-WG war geboren! Die mutigen Tiere kamen damals zwar nie in Bremen an, dennoch hat ihre Idee in Bremen und an vielen anderen Orten Einzug gehalten.

Alle Hauptdarsteller in diesem Märchen sind Haustiere, die allemal an zutiefst menschliche Eigenschaften appellieren: Nachdem wir unser Leben lang anderen Herren dienten, wird es für uns im Alter Zeit, selbst Herr im eigenen Haus und im eigenen Seelenleben zu werden. Wenn wir uns vom Alter nicht ins Bockshorn jagen und verunsichern lassen, können wir all das vertreiben, was ansonsten unserem Selbst die Kräfte rauben und uns zum Narren halten würde.

Das Lebensschiff bis ins hohe Alter souverän steuern

Einleitung

Ratgeber für das Alter findet man überall, solange es um finanzielle oder organisatorische Fragen geht. Und für den Fall, dass man selbst oder ein älterer Angehöriger krank oder pflegebedürftig wird, stehen verschiedene Professionen bereit, ihre Dienste anzubieten. Allerlei Ratgeber erklären uns, wie wir unseren Körper gesund halten können. Ernährung, Bewegung und die rettenden Pillen sollen helfen. Doch mit dem Altsein müssen wir ganz alleine fertig werden. Hier soll es deshalb um die wirklich wichtigen Fragen des Älterwerdens gehen:

- **Was geschieht mit Leib, Seele und Geist?**
- **Was kann ich selbst für mein Alter tun?**
- **Wie kann ich mein Alter meistern?**

Diesen und weiteren Fragen soll in einer Reihe kleiner Schriften nachgespürt und nachgegangen werden.

„Wenn man einen Fingerzeig nur hat,
lässt sich's schon eher weiter fühlen!"

So wie der Schüler im Faust vorm Studium suchen auch heute noch viele Menschen nach Orientierung. Die sich ständig wandelnde Welt verunsichert sie, besonders, wenn es um das eigene Älterwerden geht. Manch eine als wertvoll erachtete Lebenserfahrung erweist sich gerade im Alter als unbrauchbar. So können uns einige weitverbreitete Zweifel und Befürchtungen den Blick eher verstellen.

Was soll ich mich befassen
mit den alten Greisen?
Ich gehör noch lange nicht zum alten Eisen!

Es gibt viele Menschen, die sich einfach nicht mit dem Thema befassen wollen, obwohl sie sehr genau wissen, dass auch sie älter werden. Es ist, als wollten sie sich aus Angst davor verstecken. Die Frage ist jedoch:

Was ist, wenn wir gar nicht zu dem alten Greis werden müssen, vor dem wir uns jetzt schon fürchten?

Es geht eher darum, nicht passiv und verängstigt, sondern aktiv und mutig das eigene Alter zu gestalten.

Es geht darum, frühzeitig und langfristig das eigene Altern zu beeinflussen und das Leben von innen heraus selbst in Ordnung zu bringen.

Und es geht darum, rückblickend zu erkennen, wie uns gerade die durchlittenen Schwierigkeiten zum eigenen persönlichen Wachstum verhalfen. Erst dadurch konnte das Leben auf die breite Basis gestellt werden, die es heute hat. Es hat uns geholfen, die inzwischen erreichte und wesentlich erweiterte Souveränität zu ermöglichen. Gerade die bewusst wahrgenommene persönliche Entwicklung stärkt unser Selbstbewusstsein und fördert die eigene Identifikation mit dem gelebten Leben und den durchlebten und erlittenen Geschehnissen.

Jetzt stellt sich die Frage: Sind solche Ereignisse unvorhersehbar und ohne unser eigenes Zutun geschehen oder ist es uns allmählich gelungen, selbst im eigenen Leben Regie zu führen?

1

Alt und gebrechlich werden wir alle mal.

Da kann man nichts machen!

Oder doch?

*Barbara Dürer (1451-1514) Dürers Mutter gebar
18 Kinder; 15 starben im Kindesalter.*

Bild 1

Man sollte nicht
alt
werden!

Dieser Satz, der von vielen alten und durchaus auch von jüngeren Menschen wie ein Mantra immer und immer wiederholt wird, lässt sich anders betonen:

Man sollte nicht alt
werden!

Die Tragödie des Alters wurde vom Dichter William Shakespeare in brillanter Weise in seinem King Lear beschrieben. Bei ihm ist der alternde König nicht nur Opfer, sondern hier klingt deutlich ein Versäumnis an:

Bild 2

Du hättest nicht *alt* werden sollen,
eh' Du *klug* geworden wärst.«

Das rät der Narr dem alten König King Lear.
Auf dem Weg zum Alter sollten wir uns daran
machen, klug zu werden. Und vielleicht werden
wir dabei auch weise.

1. Mit den Jahren klüger werden!

Zu Ungeheuern werden die Menschen im Alter gemacht. Kommt hier nicht wieder die Angst der Jüngeren vor dem eigenen Alter und dem eigenen Tod zum Ausdruck?

Warum also nicht wieder jung werden? Nur zurück, das ist die falsche Richtung. Die schon gelebte Kindheit, die lässt sich nicht wiederholen, aber sie lässt sich erinnern und aufarbeiten. Ansonsten kann es uns passieren, dass uns unsere Vergangenheit wieder einholt. Das geschieht spätestens im Alter. Etwa wenn wir die Dinge nicht zu einem guten Abschluss gebracht haben. Oder wenn sich Altes, Unverdautes in unserem Seelenleben festgesetzt hat und die

Bild 3

weitere Entwicklung blockiert. Wird das bisher gelebte Leben aus seinen Verfestigungen gelöst und befreit, kann die Seele wieder jung und frei werden und sich neuen oder lang gehegten Träumen zuwenden.

2. Die eigenen Träume zu träumen wagen!

Wie kann uns das gelingen?

*Blick nicht verbittert
zurück im Zorn,
schau auch im Alter
mutig nach vorn!*

Bild 4

Meine These lautet:

Wir können unser Leben und somit auch unser Älterwerden und die Art, wie wir im Alter leben werden, selbst in die Hand nehmen und es selbst gestalten. Vergesslichkeit, Verschrobenheit, Verwirrtheit und Demenz treten meist weder zwangsläufig noch unvorhersehbar auf.

Aus dem Buch: Wer weiß, wie wir mal werden?
Selbstentwicklung kreativ fürs Alter nutzen, 2015
Siehe hierzu die Beschreibung auf S. 76

Das Alter

Spielt mit dir ein

Spiel um seine Rolle;

Spielst du nicht mit,

Spielt's keine Rolle!

Prof. Dr. Elizabeth Blackburn aus:
»Die Entschlüsselung des Alterns«

Bild 5

 **2**

Die Frage,

die so manche Eltern bewegt, ist:

Was soll aus dem Kind bloß werden?

Wie war das, was wollten Sie werden, als Sie

selbst noch ein Kind waren?

Bild 6

25

Die Frage,

die mich mit fünfundzwanzig
Jahren beschäftigte:

Wer weiß,
was aus mir noch mal wird?

Was hatten Sie vor,
als Sie selbst 25 Jahre alt waren?

Bild 7

Die Frage,

die mich mit fünfzig beschäftigte:

Wer weiß, wie wir mal werden?

meint ganz konkret:

Wer weiß, wie ich sein werde, wenn ich selbst alt bin?

Was wird Ihr Leben ausmachen,
wenn Sie alt geworden sind?

Mit etwa 25 Jahren fertigte ich das Selbstporträt von S. 27 an. Ich stellte mich selbst in verschiedenen Rollen dar und machte dieses Porträt von mir als alten, weisen Mann.

Bild 8

Damals ahnte ich nichts von meinem weiteren Lebensweg, der mich in die Kunst, den Süden, die Ehe, die Altenpflege und ans Schreiben führte. Das Leben hält positive wie negative Überraschungen bereit. Auch im Alter. Rückschauend frage ich mich manchmal:

Was wäre sonst aus mir geworden?

Müssen Sie wirklich bange auf Ihr Alter schauen: Wer weiß, wie ich mal werde? Oder wollen Sie eher wissen:

Zu welchem Menschen will ich im Alter geworden sein?

Wer weiß, wie wirr wir werden?
Wer weiß, wie weise wir werden?

Wer weiß, wie welk wir werden?
Wer weiß, wie wild wir werden?

Wer weiß, wie wund wir werden?
Wer weiß, wie weit wir werden?

Wisse, wir werden, was wir wollen,
wenn wir wissen, was wir werden
wollen.

Wer sich im Alter nicht nur zur Ruhe setzen will, sondern noch einiges vor hat, der kann sich die Frage stellen:

Welche Ziele habe ich für mein Alter?

Bild 9

31

Auch fürs Leben im Alter sollten wir uns Ziele setzen. Hier ein paar Anregungen:

1. Sinnvolle Beschäftigung finden, auch bei Einschränkungen des Sehens oder Hörens.

2. Erschließung und Erweiterung nonverbaler unkreativer Ausdrucksmöglichkeiten

3. Bewusste Auseinandersetzung mit der eigenen Biografie

4. Prävention von Desorientierung und Demenz

5. Aufrechterhaltung, Wiedererlangung bzw. Erweiterung der sozialen Kompetenz

6. Sinnfindung auch in schwierigen Lebenslagen und Grenzsituationen

7. Selbstakzeptanz durch Selbsterkenntnis

8. Lösungsfindung für alte und neue Beziehungskonflikte

9. Die gebundene Lebensenergie erlösen

10. Integration auch der ungeliebten individuellen Persönlichkeitsanteile

Als Wege oder Methoden bieten sich zum Beispiel diese hier an:

1. Beschäftigungstherapie

2. Kunsttherapie

3. Biografisches Schreiben

4. Gedächtnistraining

5. Realitätsorientierungstraining; The Work

6. Validation

7. Psychotherapie

8. Familientherapie

9. Traumatherapie

10. Psychosynthese

Aus dem Buch:
Wer weiß, wie wir mal werden? Selbstentwicklung kreativ fürs Alter nutzen,
2015. Siehe hierzu S. 21 und S. 163.

Ist das Leben eine Entwicklungsaufgabe?

Das Leben tritt aus seiner Beliebigkeit, wenn wir es als Entwicklungsaufgabe betrachten. Manchmal gibt es im Leben etwas, was im Verborgenen liegt. Etwas, das es zu entwickeln und freizulegen gilt. Oft ist dieses Verborgene noch verwickelt, also gefangen. Im Märchen ist etwas verwunschen und muss erlöst werden. Auch die persönliche Entwicklung kann als Prozess der Selbstbefreiung aufgefasst werden. Früher betrachtete man diese Verwickelungen als Ausdruck göttlicher Fügung. Wir sollten erkennen: Wir sind es selbst, die sich in diese Verwicklungen begeben haben und uns deshalb auch nur selbst wieder daraus lösen können!

3. Erlösung durch Lösung von Verwicklungen!

Ziel des Alters könnte es sein,
all das noch Verwickelte zu
lösen, um es zu entwickeln und
das Verwunschene zu erlösen.

Bild 10

◎ Die persönliche Entwickelung
kann zu einem Prozess der
Selbstbefreiung werden.

◎ Entwicklungsaufgaben lassen
sich nicht dauerhaft verdrängen.

◎ Durch das bewusste Annehmen
der Aufgabe kann sich der Einzelne
wie auch die gesamte Kultur aus
den Verwicklungen lösen.

◎ Entwicklung kann bedeuten,
dass es uns gelingt, uns tatsächlich
selbst zu erlösen.

„Die Ent-wicklung, das heißt, das Über-winden der »Verwicklung«, ist der Prozess der Befreiung von unseren Komplexen und Illusionen, von unseren Identifikationen mit den verschiedenen »Rollen«, die wir im Leben spielen, mit den verschiedenen »Masken«, die wir tragen, mit unseren Idolen usw. Es ist eine »Ent-lassung« im eigentlichen Sinne des Wortes, ein Freisetzen und Aktivieren des latenten Potenzials.“

Assagioli,

Bild 11

Der andere Teil des Wortes Entwicklungs-aufgabe ist die *Aufgabe*. Im Wort Aufgabe steckt eine doppelte Bedeutung.

- *Aufgabe im Sinne von:*
  Eine Aufgabe übernehmen.

- *Der andere Sinn ist:*
  Etwas aufgeben, aufhören, etwas abschließen, sich von etwas verabschieden.

In der Tat ist jede Aufgabe solch ein zwei-schneidiges Schwert. Übernehme ich eine Aufgabe, bedeutet dies, ich nehme mei-ne Entwicklungsaufgabe und somit mein Schicksal an, es beinhaltet gleichzeitig für mich die Aufgabe meines bisherigen Lebens und Leidens. Erst die Annahme des Schick-sals ermöglicht mir, es zu überwinden.

Liegt nicht gerade die Entwicklungsaufgabe des Alters darin, sich mutig den Selbsttäuschungen zu stellen und sich wirklich selbst zu finden, um sich selbst zu retten? Das hieße alles, was es im Leben an Verwicklungen gibt, und das damit verbundene eigene Handeln, Fühlen und Denken nicht mehr als Ausdruck der eigenen Persönlichkeit, sondern als das Verdecken des wahren Persönlichkeitskerns aufzufassen!

Bild 12

In seinem Buch: „Die Kreationsspirale" entwickelte der Physiker und Unternehmensberater Marinus Knoope diesen Entwicklungsgedanken in einer für unsere Betrachtungen hilfreichen Weise weiter. Zunächst sagt er:

„Sie werden mit einem und aus einem Wunsch heraus geboren."

Knoope, 2002, S. 88.

Bild 13

Den bringt man mit auf die Welt. In den ersten etwa 21 Jahren entwickelt man, so Knoope, Fantasien zur Verwirklichung des Lebenstraumes. In den folgenden 21 Jahren, den Lehrjahren, findet man eine Orientierung in allen wichtigen Lebensbereichen.

Doch dann mit ca. 42 Jahren gilt es sich zu entscheiden, entweder in der gewohnten Sicherheit
zu verharren oder jetzt wirklich die Lebensziele
zu realisieren und so die Zeit der Meisterschaft
zu durchlaufen. In der Zeit vom 63. bis zum
84. Lebensjahr, dem Weisheitsalter, gilt es, das
Empfangene zu würdigen und es wieder loszulassen. Und hier fügt Marinus Knoope einen
überraschenden Gedanken an:

*„Mit vierundachtzig stehen Sie vor der Wahl,
Abschied zu nehmen oder in eine neue Runde
zu gehen, sozusagen eine neue Kindheit zu beginnen."*

Knoope, 2002, S. 88.

Bild 14

4

Was steht diesem Wandel im Wege?

Entwicklung kann nur geschehen, wenn wir es zulassen, dass wir uns wandeln. Der Wandel mag nur eine geringfügige Veränderung sein. Er kann auch eine sehr weitreichende Verwandlung der Persönlichkeit bedeuten. Woran liegt es aber, dass er oftmals so schwer gelingt? Was steht in uns diesem Wandel entgegen?

Häufig sind es Glaubenssätze über das Alter wie:

Dafür ist es jetzt zu spät!

Das ist eben im Alter so.

Einen alten Baum verpflanzt man nicht!

UNSERE

SCHATTEN

EILEN

UNS

VORAUS

Bild 15

Woher kommen diese Glaubenssätze?

In der Verschiedenheit unseres Seelenlebens lassen sich unterschiedliche Persönlichkeitsanteile erkennen. Diese können wir auch als Teilpersönlichkeiten betrachten. Einige unserer Teilpersönlichkeiten befinden sich auf der Sonnenseite, andere auf der Schattenseite unseres Seelenlebens. Manche wirken ganz im Dunkeln.

Die eigene Person bildet eine Ganzheit. Sie beherbergt Teilpersönlichkeiten, die wie selbstständige Persönlichkeiten wirken. Nicht alle schätzen wir. Viele hassen, leugnen und verdrängen wir ein Leben lang. Das kann durch Glaubenssätze geschehen. Wir müssen immer wieder in einer bestimmten Weise handeln, ohne zu wissen, warum. Die Persönlichkeitsanteile wirken oftmals wie aus dem Exil heraus. So binden sie dauerhaft viel Energie, weil wir sie uns fernhalten wollen. Wenn es uns im Alter nicht mehr gelingt, sie zu verdrängen, kommen sie hervor und fordern ihren Tribut. Wir hatten sie längst vergessen und uns eingebildet, sie existierten tatsächlich nicht mehr. Haben wir die erforderliche seelische Stärke entwickelt, müssen wir sie nicht mehr verdrängen. Wir können uns von Glaubenssätzen lösen und den Teilpersönlichkeiten begegnen. Denn wir haben inzwischen Reife und Stärke erlangt, um uns diesen Schattenseiten zu stellen. Wir können sie integrieren.

Am Anfang der Therapie ist vielleicht noch eine große Distanz zur Teilpersönlichkeit erforderlich. Möglicherweise gelingt es uns über mehrere Sitzungen, Verständnis für die Teilpersönlichkeit zu entwickeln, sie allmählich zu wandeln und sie als Bestandteil der eigenen Persönlichkeit zu akzeptieren, um sie schließlich zu integrieren. Auf dem Weg dorthin können Glaubenssätze hörbar und Bilder sichtbar werden, anhand derer die Wirkung und die Bedeutung der Teilpersönlichkeit für uns wahrnehmbar wird. Dann kann der Prozess des Wandels beginnen. Vielleicht ist es einfacher, diesem eigenen Seelenanteil zu begegnen, wenn er z. B. mit Farbe und Pinsel nach außen gesetzt und als Gegenüber betrachtet werden kann. Fortan ist es möglich, Kontakt aufzunehmen und in einen Dialog zu treten. In unserer Vorstellung oder in einer Meditation gehen wir erneut etwa in eine angstbesetzte Situation. Nun malen wir uns bildlich plastisch aus, wie die Szene, als sie geschah hätte verlaufen sollten. Jetzt spielen wir die Szene erneut unter den anderen Bedingungen durch und werden sie anders erleben. Auch die Gefühle, die sich dabei einstellen, werden andere sein. Vielleicht gibt es tatsächlich die Möglichkeit, im Leben die Situation auf diese neue Art zu erleben. Aber auch wenn das nicht geht, haben die entstandenen Bilder unsere eigene Haltung, unsere Stimmungen sowie unsere Beziehungen zu uns selbst und den anderen gewandelt.

Bleiben verborgene Teilpersönlichkeiten unerkannt, wirken sie wie Fremde oder Feinde, die uns von außen angreifen und bedrohen. Die Konfrontation mit diesen eigenen Schattenseiten ist »die Hölle.« Sie existieren nicht, um uns zu quälen, sondern um uns Gelegenheit zu geben, alle Teilpersönlichkeiten in die Ganzheit unserer Persönlichkeit zu integrieren. Es wäre gut, sich frühzeitig mit ihnen auseinandersetzen. Bis dahin sind sie unser dunkles Schicksal. Danach sind wir frei!

Teilpersönlichkeiten, die von uns unerkannt bleiben, sinken hinab in unser Unbewusstes und führen dort wie Fische ein Eigenleben. Der Fisch symbolisiert dieses Unbewusste. Die Bibel erzählt uns die Geschichte von Jonas, der zunächst vor einer Teilpersönlichkeit, die seine größten Befürchtungen auslöst, bis ans Ende der Welt flüchtet. Doch dann gerät er in die Stürme seines Seelenlebens und wird vom großen Fisch seines Unbewusstseins verschlungen.

„Nur, wenn wir das Schicksal wirkend und früh vollziehen, wird uns im Rest statt der Qual vielleicht die Freiheit verliehen."

Jean Gebser, 1986, Bd. 7, S. 299

Oftmals bringen uns unsere Befürchtungen gerade in die Situationen, die wir unbedingt vermeiden wollen. Sie zwingen uns, diese Teilpersönlichkeit anzuschauen und sie anzuerkennen. Dann muss sie nicht mehr gegen uns wirken, sondern kann uns künftig unterstützen. Indem wir unsere unterbewusste Schattenseite als Teil unserer Selbst akzeptieren, werden wir nicht frei von ihr, sondern wir können fortan frei über sie bestimmen. Es ist eine Forderung, die das Leben an uns, an jeden Einzelnen in seiner ganz individuellen Weise stellt. Je älter wir werden, desto dringender wird es, dieser Forderung gerecht zu werden. Ganz gleich, wer oder was wir im Leben waren: Landwirt, Direktor, Hausfrau oder Präsident der Vereinigten Staaten, jeder soll ganz sein oder es werden! Das ist sicherlich die größte und ehrenvollste Aufgabe des Lebens an uns.

4. Durch Entwicklung zur Entfaltung!

 5

Phasen eines erzwungenen Wandels

Verweigern wir uns unserer ureigensten Integrationsaufgabe, so widerfährt uns der Wandel in Form eines Sterbe- und Leidensprozesses. Es kommt dann irgendwann zu einem erzwungenen Prozess. Den können wir nicht verlassen oder abbrechen, sondern wir durchlaufen dabei fünf Phasen, bis wir gewandelt daraus hervorgehen können. Offenbar ist es nicht möglich, einem notwendigen Wandel aus dem Weg zu gehen. Davon kündete schon das I-Ging:

Wenn man diesen Zeitpunkt verpasst, so kommt äußeres Unheil über einen. Dieses Unglück ist innerlich begründet durch die falsche Stellung zum Weltenzusammenhang.

I-Ging, zitiert nach Franz, 1978, S. 151.

Fünf Phasen des Sterbeprozesses nach Kübler-Ross:

1. Verleugnen (Schock)
2. Zorn (Emotion)
3. Verhandeln
4. vorbereitende Depression
5. Einwilligung (gesteigertes Selbstvertrauen)

Bild 16

Wird der Tod nicht durch äußere Ereignisse verursacht, leitet ein sterbender Mensch den Sterbeprozess durch seine eigene Entscheidung ein. Hierbei handelt es sich um einen inneren Vorgang – ohne äußeres Handeln. Das Gleiche gilt offenbar auch für Prozesse, die durch schwere Krankheiten und Verluste ausgelöst werden. Die Entscheidung, für das Sterben treffen zu können, setzt einen inneren Lernprozess voraus, den der betreffende Mensch an diesem Zeitpunkt schon durchlaufen hat. Ist dieser Prozess abgeschlossen, lassen oft die Spannungen und Schmerzen nach. Das Leben loszulassen stellt möglicherweise die größte Lernaufgabe dar. Die Ärztin Elisabeth Kübler-Ross, die viele sterbende Menschen begleitete, hatte beobachtet, wie sich ihre Patienten im Angesicht ihres bevorstehenden Todes fühlten, äußerten und verhielten. So individuell jedes einzelne Schicksal war, so konnte Kübler-Ross dennoch gewisse Gemeinsamkeiten erkennen, die sich in den fünf auf der nächsten Seite beschriebenen Phasen des Sterbeprozesses ausdrücken. Am Anfang steht die Diagnose, das Bekanntwerden einer tödlichen Erkrankung oder das Bewusstsein des bevorstehenden Todes. Das versetzt den Menschen in einen Schockzustand.

Der bedrohenden Gefahr wird begegnet, indem zunächst versucht wird, sich zu schützen, meist durch

VERLEUGNEN

und Nicht-wahrhaben-wollen. Allmählich kehren die Emotionen zurück als Gefühle der Einsamkeit, als Schuldgefühle oder dem Gefühl der Sinnlosigkeit. Aus dem Gefühl der Verzweiflung erwachsen

WUT UND ZORN

Mithilfe des Verstandes wird ein Ausweg gesucht und es beginnt ein innerer Dialog, in dem versucht wird, mit der Krankheit, dem Schicksal oder Gott zu

VERHANDELN

Allmählich reift die Erkenntnis, dass all dies aussichtslos ist. Das führt in die

VORBEREITENDE DEPRESSION

Diese setzt eine Bewegung auf ein wachsendes Selbstbewusstsein und zu mehr Kontakt zu anderen Menschen in Gang. Aus gesteigertem Selbstvertrauen r eift schließlich die

INNERE EINWILLIGUNG

Der so gewandelte Mensch ist bereit, den nächsten Schritt zu gehen.

„Es geht darum, den Tod zu besiegen, und zwar nicht den Tod selber, sondern den Schrecken des Todes, der dadurch entsteht, dass wir das Leben nicht verstehen. Wenn es uns gelingt, das Leben und seinen unabdingbaren und heilsamen Sinn zu verstehen, dann werden wir aufhören, den Tod zu fürchten. Wir werden aufhören, dem Sterblichen in uns zu dienen, und wir werden uns dem Unsterblichen zuwenden: Gott, von dem wir kommen und zu dem wir zurückkehren.“   Assagioli, 2007, S. 176

Bild 17

Bisher war die Rede vom leiblichen Tod, nun spreche ich von einem anderen Tod. Wenn wir die Aufgabe, die uns das Leben gestellt hat, wirklich aufnehmen wollen, setzt dies vielfach voraus, dass erst etwas Altes in uns stirbt.

Wir müssen etwas, was zu einem Bestandteil unserer Persönlichkeit und unseres Lebens geworden ist, aufgeben und unser altes Leben hinter uns lassen. In diesen Zeiten ist es erforderlich, wirklich mit allem aufzuhören, was die ganze Misere hervorgebracht und ermöglicht hat. So heißt die Alternative für viele Menschen, denen in ihrem Leben die Diagnose Krebs gestellt wird: entweder Auflösung und Tod oder grundsätzlicher Wandel und somit Weiterbestand und Leben. In solchen Situationen ist dieser Wandel selbst die Aufgabe. Im Inneren reifen die Bereitschaft und die Entscheidung: Willst du ernsthaft leben, so bedeutet dies gleichzeitig die unwiederbringliche Aufgabe deines bisherigen Lebens und Leidens. Überlege es dir gut, ob du dazu bereit bist! Es gibt Menschen, die für solch eine Herausforderung nicht (mehr) die Kraft haben und somit den anderen Weg gehen. Lange Zeit scheint es zu gelingen, ein Leben zu leben, dass keine solchen Umbrüche erforderlich macht. Geht dies über viele Jahre, kann der Eindruck einer gewissen Unsterblichkeit entstehen. Diese Menschen empfinden das durchaus nicht immer als Stärke. Oft fühlen sie sich im tiefsten Herzen sehr unglücklich.

Vier Stufen des männlichen Alters

1753 veröffentlicht von H. R. Werdmüller

Bild 18

Vier Stufen des weiblichen Alters

Bild 19

Die Sprossen der Karriereleiter des Lebens sind beim Mann wie bei der Frau heute nicht mehr so sehr von gesellschaftlichen Normen vorgegeben. Die hohe Zahl der schon gelebten Jahre ist durchaus kein Garant für Erfolg oder persönliche Reife. Dies gilt sowohl materiell, gesellschaftlich, persönlich, seelisch und gerade auch geistig. Wir sind inzwischen grundsätzlich frei darin zu entscheiden, wie wir unseren Weg durchs Leben wählen und gestalten wollen. Wir können uns aber auch weigern, uns weiter zu entwickeln. Solange es uns gelingt, unsere alten Gewohnheiten weiter zu pflegen, geht es uns gut. Warum sollen wir daran etwas ändern? Der Preis der Bequemlichkeit und Unbeweglichkeit wäre sehr hoch, denn wir wären auf unseren Lebensabend nicht vorbereitet. Eine nur materielle Vorsorge reicht nicht aus. Für das Alter sind wir schlecht beraten mit dem gut gemeinten Spruch vieler Freunde: *»Bleib, wie du bist!«*

Der Weltgeist will nicht fesseln uns und engen,
er will uns Stuf' um Stufe heben, weiten.

Hermann Hesse

Die Vergangenheit rückt in weite Ferne. Gleichzeitig sind unsere alten Strategien selten für die Gegenwart brauchbar. Was uns seelisch aufbauen soll, fördert eher unseren körperlichen wie geistigen Abbau. Wir müssen Altes loslassen, um uns weiter entwickeln zu können. Wenn wir es festhalten, dann hält es auch uns fest. Zunächst soll schematisch der körperlich-materielle Entwicklungsgrad in Abhängigkeit vom Lebensalter dargestellt werden. Die gepunktete Linie deutet den Weg an den wir gehen, wenn wir die Richtung selbst nicht ändern. Es ist der Weg zum Greis.

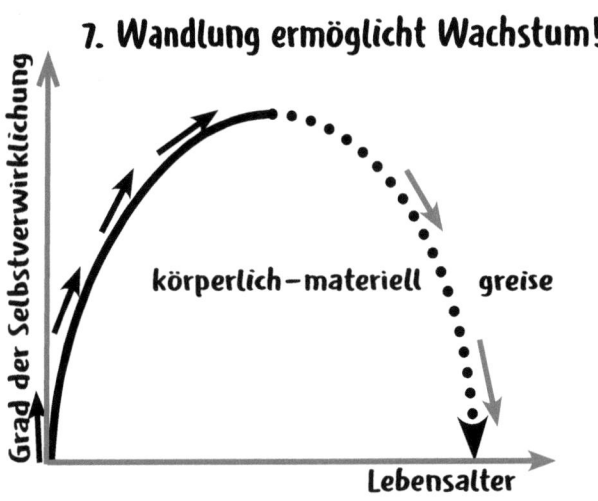

7. Wandlung ermöglicht Wachstum!

Offenbar gibt es im Lebenslauf eine Zeit, in der die Entwicklung vom Aufstieg des Körperlichen und die vom Abstieg des Geistigen jeweils ihr Maximum erreicht haben. Hier begegnen sich beide Wege. Und hier kann entschieden werden, ob der weitere Weg hinauf zum Geistigen oder wieder hinab zum Materiellen beschritten wird. Grob gesagt, entscheidet sich hier, ob der Mensch den Weg in Richtung »*Weisheit*« oder den in Richtung »*Greisheit*« geht. Zum Glück ist diese Entscheidung nicht nur an einem Punkt

Der Begriff: »*Greisheit*« steht für die körperlichen Abbauprozesse, die bei einem Greis zu beobachten sind.

geistig–ideell

weise

Grad der Selbstverwirklichung

Lebensalter

möglich, doch scheint es mit zunehmendem körperlichen Niedergang schwieriger zu werden, den »Aufsprung zum Geistigen« zu schaffen. Andererseits bedarf es auch eines gewissen Maßes an körperlich-weltlichen Lebenserfahrungen und materieller Sicherheit, um reifen zu können, damit der Aufsprung zum Geistigen gelingen kann. Assagioli spricht davon, dass das Ich im positiven Verlauf dieses Entwicklungsschrittes reif und bereit wird, den Willen des Geistes zu verwirklichen.

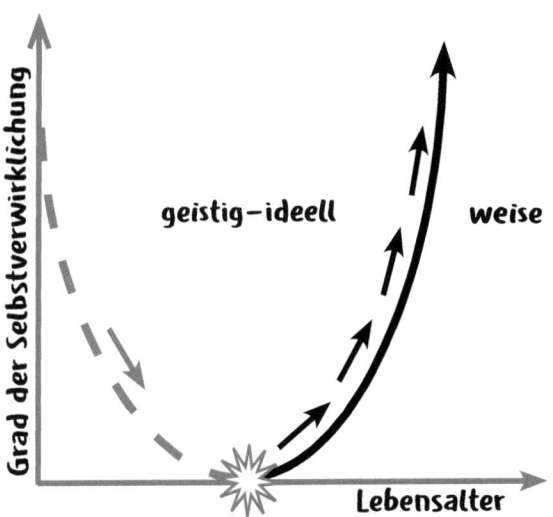

Die nächste Grafik zeigt den Grad der Selbstverwirklichung im Verhältnis zu Lebensalter und Orientierung. Spätestens wenn die körperlichen Abbauprozesse gegenüber den Aufbauprozessen zu überwiegen beginnen, sollte die Orientierung vom Körperlich-Materiellen zum Geistig-Immateriellen wechseln. Ging es bisher um Erhaltung und Sicherung physische Grundlagen, so gilt es nun, über das Erworbene, also über sich selbst hinaus zu wachsen. Der körperlich-materielle Aufbau versetzt uns in die Lage, unsere geistig-ideellen Aufgaben zu erfüllen. Dies ist die Wegmarke in Richtung Selbst-Verwirklichung, um das Selbst ins Leben zu rufen und die Aufgaben zu erfüllen, die unser Selbst an uns stellt. Versäumen wir dies und beklagen im Alter den körperlichen Abbauprozess, können wir unsrer eigentlichen Bestimmung nicht nachkommen. Wir werden dann immer träger. Damit begeben wir uns auf den Weg zum Greise. Längst wäre es an der Zeit, geistig-ideell reger zu werden. Durch regelmäßige geistige Aktivitäten begeben wir uns auf einen Weg in Richtung Weisheit.

Die Parabel der Selbst-Verwirklichung

Grad der Selbstverwirklichung

geistig–ideell   weise

körperlich–materiell   greise

Lebensalter

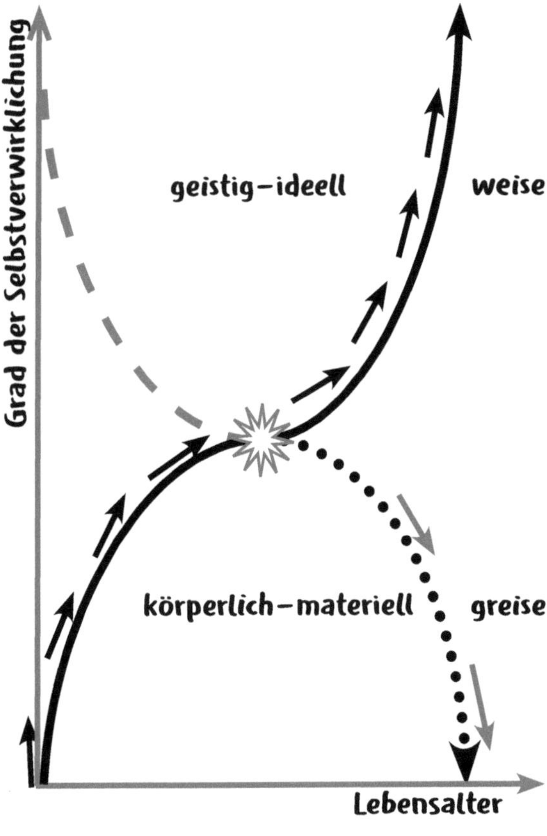

8. Durch geistige Regung weise werden!

Selbstentwicklung im Alter

Wir sollen heiter Raum um Raum durchschreiten,
an keinem wie an einer Heimat hängen.

Hermann Hesse

Es scheint, als würden manche Menschen im Alter Stück um Stück ihre erworbene Reife wieder
verlieren. Sie bewegen sich wieder in der Welt ihrer Kindheit mit den seelisch-geistigen Schran-
ken aus dieser frühen Lebensphase. Sie können
sich weder auf die einstige körperliche Energie
stützen, noch auf die aktuellen Körperkräfte.
Und auf die im Laufe des Lebens erworben geistigen Stärken können sie nicht mehr zurück-
greifen, weil sie die in ihrer Kindheit noch nicht
hatten. Diese Menschen tragen eine unsichtbare
Last, der sie sich beugen und die sie herunter-
zieht. Der Körper dient ihnen nicht mehr, nun
müssen sie ihm dienen. Sie können sich kaum
noch aufrichten und klagen immer wieder:

Man sollte nicht alt werden!

Was jedoch pauschal dem Alter zugeschrieben wird, mag darin begründet liegen, dass diese Menschen sich nicht zum Pfad des Geistigen aufmachten, sondern sich weiterhin an ihrem Körper und an materiellen Werten orientieren. So erscheint diese Aussage in einem neuen Licht. Sie müsste erweitert werden und wohl eher lauten:

**Man sollte nicht alt werden,
denn nur unser Körper wird alt.**

Diesen verneinenden Satz möchte ich in der Form nicht stehen lassen. Er lässt sich durch einen bejahenden Satz ergänzen.

**Man sollte nicht alt werden,
denn nur unser Körper wird alt.**

Man kann wieder jung werden, wenn man wie das Geistige jung bleibt.

Anderen gelingt es allmählich, das Festhalten an im Leben erlangte Sicherheiten ohne Angst aufzugeben. Diese Menschen haben sich verstärkt dem Geistigen zugewandt. Dadurch leiden sie seelisch weniger unter körperlichen oder materiellen Einschränkungen. Zwar bereitet auch ihnen im Alter die körperlich-materielle Seite des Lebens Schwierigkeiten, dennoch verlieren sie nie ihre Leichtigkeit. Man spürt, dass sie durch eine Kraft im Inneren getragen werden. Sie werden durch diese innere Kraft nicht nur getragen, sondern auch aufgerichtet. Diese Aufrichtekraft ist es, die diesen Menschen ihre Würde verleiht.

Erheben wir uns zum Geistigen,
so erhebt uns das Geistige.

Wenn uns unsere Erinnerungen wieder zu unserer Kindheit zurückführen, so geschieht das, um uns unserer Bindungen und Beschränkungen bewusst werden. Es ist Zeit, uns nicht mehr gegen unsere ungeliebten Seelenanteile zu wehren und sie nicht weiter zu leugnen und zu bekämpfen. Jetzt müssen wir uns nicht mehr in Ängste und Verstrickungen verlieren. Jetzt können wir sie integrieren und so zu unserem geistigen Ursprung zurückzufinden. So betrachtet, liegt eine Aufgabe des Alters darin, die dunklen Erfahrungen der Vergangenheit mit der Helligkeit des Zukünftigen zur Klarheit des Gegenwärtigen zu vereinen, damit

„sich wieder Licht und Schatten
zu echter Klarheit werden gatten."

Novalis

Die Zeit heilt alle Wunden!

Manche Wunden brauchen jedoch viel Zeit zur Heilung. Wahrscheinlich kommt für jede alte Wunde irgendwann die Zeit zur Heilung. Wir sollten selbst bereit dafür sein, die Heilung zulassen. Wenn wir im Alter die Zeit haben, vom Trubel des Lebens wieder zur Besinnung zu kommen, dann melden sich die alten Wunden zurück, damit wir ihnen nun wirklich die Zeit geben, die sie brauchen, um endlich heilen zu können. Reißen im Alter alte Wunden wieder auf, sollten wir nicht auf den Wunderdoktor oder das Wundermittel hoffen, sondern uns auf uns selbst besinnen. Es ist zwecklos, andere zu beschuldigen, denn nur wir selbst können uns heilen. Wir müssen unsere Wunden nicht wie Trophäen lecken, sondern können dem Wunder der Heilung Zeit geben und uns dadurch selbst erlösen.

Alter ist nichts für Feiglinge!

Der Titel des Buches von Joachim Fuchsberger, das herauskam, während ich an meinem Buch über das Älterwerden schrieb, wurde inzwischen zu einem geflügelten Wort. Verstehen wir es nicht als Drohung vorm Älterwerden, sondern als Aufruf, dem eigenen Alter mutig entgegenzugehen. Statt andere zu beschuldigen und sich im Gram zu vergraben, mutig Verantwortung für das eigene Leben und das eigene Geschick annehmen. Denn: Feigheit ist zwecklos! Wir entkommen unserem Alter und den damit verbundenen Herausforderungen nicht. Wer seine Hausaufgaben bisher nicht gemacht hat, der muss sie jetzt erledigen. Wer gegen sie ankämpft, wird alles verlieren, wer sie mutig annimmt, wird alles gewinnen!

1. Was auch geschieht, verliere nie den Mut!

Selbstentwicklung kreativ fürs Alter nutzen!

Sie haben es selbst in der Hand, ob Sie sich aufmachen, ihr Seelenleben in Ordnung zu bringen oder ob Sie sich verschanzen hinter einem Spruch wie:

Einen alten Baum verpflanzt man nicht

Sie können auch andere Sprüche als Alibi nutzen, wenn Sie glauben, sich dadurch vor Ungewissheiten durch Veränderungen zu schützen. Doch damit entledigen Sie sich auch der vielen Lernmöglichkeiten, die dem eigenen seelischen Wachstum dienen könnten.

Junge Alte

nutzen ihre Zeit zum Reisen, und um sich bisher ungelebte weltliche Träume zu erfüllen. Doch anschließend ist der Schrecken umso größer, wenn sie erkennen müssen, dass sie ihrem Schicksal nicht entkommen konnten. Irgendwann werden auch sie vor der Aufgabe stehen, sich selbst zu vollenden und ihr Selbst zu erlösen. Der Weg dorthin heißt:

8. Die eigene Wahrheit leben!

Anknüpfend an diese kurze Einführung soll das kreative Älterwerden in der folgenden Reihe aus sieben Blickwinkeln beleuchtet werden. Hier ging es zunächst darum, Sie auf den Weg vorzubereiten. Entscheiden, welcher Weg für Sie der Richtige ist, müssen Sie selbst. Und gehen müssen Sie ihn natürlich auch! Mit der richtigen Haltung lässt es sich schon weiter führen. Man sollte nicht alt werden, führt Sie nicht weiter. Zum Glück sagen sich immer mehr Menschen: Alt ist bunt! Entscheiden Sie. Hier noch einmal die Trittsteine für den Weg:

1. Mit den Jahren klüger werden!

2. Die eigenen Träume zu träumen wagen!

3. Erlösung durch Lösung von Verwicklungen!

4. Entwicklung bedeutet Entfaltung!

5. Wandlung ermöglicht Wachstum!

6. Durch geistige Regung weise werden!

7. Was auch geschieht, verliere nie den Mut!

8. Die eigene Wahrheit leben!

Bildquellen

Titel: Aquarell, Lebensschiff, Norbert Wickbold, 1994
Bild 1:   Albrecht Dürer: Barbara Dürer, 1514
Bild 2:   Odilion Redon: Irrer Alter, Kunsthalle Bremen 1984
Bild 3:   Foto: Saurierplastik in Unteruhldingen, bearbeitet
Bild 4:   Foto: Katze im Versteck, Norbert Wickbold
Bild 5:   Drehorgelwagen der Firma Raffin, Überlingen
Bild 6:   Foto einer Holzplastik, Neuseeland, 2006
Bld 7/8: Selbstportrait mit 25, als alter Mann, 1983
Bild 9:   Norbert Wickbold: Alte Schuhe, Aquarell, 1993
Bild 10: Foto, Fischerseil, Foto bearbeitet
Bild 11: Steinplastik, Findhorn Community, Schottland
Bild 12: Ischia, Giardini La Mortella, Sonnentempel, bearb.
Bild 13: Foto, Glaskugel am Bodensee,
Bild 14: Foto: Den eigenen Schatten einfangen,
Bild 15: Steinrelief in Cluny, Findhorn Community, Schottland
Bild 16: Foto: Sonnenuntergang am Bodensee
Bild 17: Gedenkstein, Ischia, Giardini La Mortella
Bild 18/19: Stufenalter des Mannes/ der Frau, Weidemüller

Textquellen

Assagioli, Roberto (2007): »Roberto Assagioli – Paola Giovetti –
Leben und Werk des Begründers der Psychosynthese, Nawo, Zürich
(2008), Psychosynthese und transpersonale Entwicklung, Nawo
Blackburn, Elisabeth (2017): Die Entschlüsselung des Alterns
– Der Telomer-Effekt, Mosaik-Verlag, München
Franz, Marie Louise, von (1978): Spiegelungen der Seele, C. G.
Jung, Kreuz Verlag, Stuttgart
Fuchsberger, Joachim (2011): Alter ist nichts für Feiglinge,
Gütersloher Verlagsanstalt
Knoope, Marinus (2002): Die Kreationsspirale, Urachhaus
Kübler-Ross, Elisabeth (1975): Reif werden zum Tode, Kreuz
Verlag, Stuttgart

Die Bücher von Norbert Wickbold

finden Sie auf den folgenden Seiten

Denkzettel

mit elf Texten!

Tb: € 12,80 (D)
geb: € 19,80 (D)
e-Book: € 7,99 (D)
Preise gelten auch für die Jubiläums-
ausgaben (nächste Seite)
Denkzettel – elfte Staffel
Nummer 101 bis 111
Bonusausgabe mit
Bonusdenkzettel!

Der Ratgeber zum Älterwerden:

Wer weiß, wie wir mal werden?
Selbstentwicklung kreativ fürs Alter nutzen

Im Alter würdevoll Leben, möglichst ohne Leiden zu müssen, dass wünschen sich viele Menschen. Ist das möglich? Nach 22 Jahren Arbeit in der Altenpflege, behaupte ich: Ja! Es ist möglich, wenn wir bereit sind, unser Leid anzunehmen. Dann können wir es wandeln. Mithilfe unserer Lebenserfahrung, der Kunst und verschiedener therapeutischer Ansätze können wir einen inneren Wandel vollziehen und den Abbau- und Sterbeprozess kreativ wandeln in einen Aufbau- und Integrationsprozess.

Das Buch vereint viele Beispiele aus der Praxis, der Kunst, der Dichtung und der Forschung und zeigt sieben Wege zum kreativen Altwerden auf.

384 Seiten, mit vielen, teils farbigen Abbildungen

Tb: € 27,00 (D)

geb: € 33,80 (D)

eBook: € 12,99 (D)

ISBN:
978-3-8495-9811-2 (Tb.)
978-3-8495-9812-9 (geb.)
978-3-8495-9813-6 (e-Book)

Die Seminarbücher:

Sieben Wege zum kreativen Älterwerden

Hier werden sieben Wege aufgezeigt, die dich befähigen, auch im Alter eine Persönlichkeit zu sein, die souverän und weise ihr Leben führt.

ISBN
978-3-7482-0869-3

ISBN
978-3-347-21315-9

ISBN
978-3-347-41444-0

ISBN
978-3-347-79324-8

Zu jedem Weg werden Seminare angeboten. In lockerer Folge erscheinen weitere Themenbücher, die unabhängig voneinander durchgearbeitet werden können.

Tb: € 10,50 (D) geb: € 18,80 (D) eBook: € 5,99 (D)

ISBN
978-3-347-91253-3

ISBN
978-3-347-93269-2

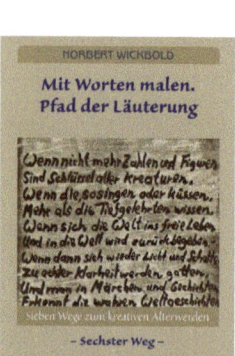

Mit Worten malen.
Pfad der Läuterung

Die Teile des Lebens
zum Ganzen
zusammenfügen

Der Roman, der zur Quelle führt:

Die Wiederkehr der Morgenlandfahrer

Die Idee der Morgenlandfahrer Hermann Hesses wird hier wieder aufgegriffen und mit hochaktuellen Themen verknüpft: Auf der einen Seite steht eine gigantische, den Globus beherrschende Wirtschaftsmacht, und ihr gegenüber befindet sich die entmachtete Gruppe der vielen. Ein paar wenige wagen es, um ihr Grundrecht auf sauberes Wasser zu kämpfen und bringen das Machtgefüge der Weltmacht an seine Grenzen. Der Roman möchte dazu ermutigen, die eigene innere Quelle zu suchen und auf die damit verbundene Kraft zu vertrauen. Die Entdeckung dieser inneren Quellen wird in mehreren Visionen bzw. Meditationen beschrieben, die zum Kernstück des Buches gehören. Hier geht es darum, seinem Stern zu folgen und daraus Kraft für die Bewältigung auch sehr schwieriger Aufgaben zu ziehen. Die Reise der Morgenlandfahrer ist eine Reise durch die innere Wüste zur ureigenen Quelle. Die Geschichte will ein Beispiel geben, wie eine globale Bedrohung überwunden werden kann. Für jeden der neuen Morgenlandfahrer erweist sich eine von sieben Künsten als wahre Kraftquelle und als Morgenstern. Indem sie sich bei allen Herausforderungen vom wiedergefundenen Stern leiten lassen, finden sie das Wasser des Lebens. Damit kehren sie zurück in ihre Heimat, wo viele andere von dieser Quelle schöpfen können.

336 Seiten € 18,50 (D) Tb

ISBN: 978-3-8495-9890-7 (Tb.)
        978-3-8495-9891-4 (geb.)
        978-3-8495-9892-1 (e-Book)

Die Jubiläumsausgaben

Tb: 12,80 €   geb: € 19,80 €   eBook: 7,99 €

Zum Anliegen der Denkzettel

Hier werden Lebensthemen oder politische Themen in oftmals ungewöhnliche Denk- und Sichtweise humorvoll oder eher besinnlich erörtert. Jeder Band umfasst zehn Texte, die nicht all zu ernst genommen werden sollen, denn ich möchte dazu beitragen, all zu engstirnige Denkweisen aufzulockern. Vielleicht kommen Sie bei deren Lektüre ins Schmunzeln und es fällt Ihnen anschließend leichter, Altbekanntes neu zu betrachten und es auf bisher ungeahnte Weise zu bedenken.

Tb: € 11,80 (D)   geb: € 18,80 (D)   eBook: € 6,99 (D)

Gedichte und Gedanken:

Was seht ihr denn?
und
Was denkt ihr denn?

Wie viele Gedanken gehen uns durch den Kopf und ziehen sehr schnell wieder weiter? Einige hinterlassen bleibende Spuren, andere geraten bald wieder in Vergessenheit. Neue Ereignisse und neue Gedanken verdrängen unsere Gedanken von gestern.

Tb: € 8,00 (D)   Tb: € 8,00 (D)

geb: € 13,50 (D)   geb: € 13,50 (D)

e-Book: € 4,99 (D)   e-Book: € 4,99 (D)

ISBN: ISBN:
978-3-7323-1126-2 (Tb.)   978-3-347-59249-0 (Tb.)
978-3-7323-1127-9 (geb.)   978-3-347-59250-6 (geb.)
978-3-7323-1128-6 (e-book)   978-3-347-59251-3 (e-book)

Der Autor:
Norbert Wickbold

1973-1984 Lehre und Arbeit
     als Elektriker
1985-1993 Kunsttherapie-Studium
     und freie Arbeit als Dozent
     für künstlerische und literarische Kurse
1994-2022 Ausbildung und Arbeit als Altenpfleger
2008-2010 Master-Studium in Erwachsenenbildung
2003   Beginn meiner schriftstellerischen Arbeit
2010 • *Vom Sinn des Lebens, des Sterbens und der
     Aufgabe des Alters* in Heft 23 der Zeitschrift:
     »Psychosynthese«, Navo-Verlag, Zürich
2014 • *Wer weiß, wie wir mal werden?* veröffentlicht
2015 • *Die Wiederkehr der Morgenlandfahrer* und
     • *Was seht ihr denn? – 42 Gedichte und Gedanken*
     • *Denkzettel – Die ersten zehn*
2016 • *Denkzettel –die zweite Staffel* bis
2019 • *Denkzettel – dritte bis fünfte Staffel*
2020 • *Geschichten aus dem Paradies*
     • *Sieben Wege zum kreativen Älterwerden /Einleitung*
     • *Denkzettel – sechste Staffel*
2021 • *Die Bilder der Seele sprechen lassen /1. Weg*
     • *Die Biografie als Gestaltungsaufgabe /2. Weg*
     • *Denkzettel – siebte Staffel, achte Staffel*
2022 • *Denkzettel – neunte Staffel, zehnte Staffel*
     • *Was denkt ihr denn? – Dichtungen, Verse …*
     • *Neue Geschichten aus dem Paradies*
2023 • *Dreh dich nicht um – Die Blockaden lösen /3. Weg*
     • *Auf künstlerischen Wegen der Weisheit entgegen /4. Weg*
     • *Empfangen der Würde im Alter – ein christlicher Weg*
     • *Denkzettel – die elfte Staffel*

weitere Infos:

Norbert Wickbold
n.wickbold@heilkunstundfarbenpracht.info
www.heilkunstundfarbenpracht.de

Bücher erhältlich über
www.tredition.de/buchshop/